AF332183

RÉPONSE

AUX LETTRES

ÉCRITES DE LA MONTAGNE;

PUBLIÉE A GENEVE, SOUS CE TITRE:

SENTIMENT DES CITOYENS.

ACQ. Nº 31,267
COLL. BEUCHOT

A GENEVE;

& se trouve,

A PARIS,

Chez DUCHESNE, Libraire, rue S. Jacques,
au-dessous de la Fontaine S. Benoît,
au Temple du Goût.

M. D. CC. LXV.

LETTRE

DE J. J. ROUSSEAU

AU LIBRAIRE.

A Motiers, le 6 Janvier 1765.

JE vous envoie, Monsieur, une Piece imprimée & publique à Geneve, & que je vous prie d'imprimer & publier à Paris, pour mettre le Public en état d'entendre les deux Parties, en attendant les autres Réponses plus foudroyantes qu'on prépare à Geneve contre moi. Celle-ci est de M. Vernes, Ministre du saint Évangile, & Pasteur à Séligny : je l'ai reconnu d'abord à son style pastoral. Si toutefois je me trompe, il ne faut qu'attendre pour s'en éclaircir ; car s'il en est l'Auteur, il ne manquera pas de

[4]

la reconnoître hautement selon le devoir
d'un homme d'honneur & d'un bon Chrétien ; s'il ne l'est pas, il la désavouera
de même, & le Public saura bientôt à
quoi s'en tenir.

Je vous connois trop, Monsieur, pour
croire que vous voulussiez imprimer une
Pièce pareille, si elle vous venoit d'une
autre main : mais puisque c'est moi qui
vous en prie, vous ne devez vous en faire
aucun scrupule. Je vous salue de tout
mon cœur,

ROUSSEAU.

SENTIMENT
DES CITOYENS.

APrès les Lettres de la Campagne, sont venues celles de la Montagne. Voici les sentimens de la Ville.

On a pitié d'un fou ; mais quand la démence devient fureur, on le lie. La tolérance, qui est une vertu, seroit alors un vice.

Nous avons plaint Jean-Jacques Rousseau, ci-devant Citoyen de notre Ville, tant qu'il s'est borné, dans Paris, au malheureux métier d'un Bouffon qui recevoit des nazardes à l'Opéra , & qu'on proſtituoit marchant à quatre pattes ſur le Théâtre de la Comédie. A la vérité , ces opprobres retomboient, en quelque façon , ſur nous : il étoit triſte , pour un Genevois arrivant à Paris, de ſe voir humilié par la honte d'un Compatriote. Quelques-uns de nous l'avertirent , & ne le corrigèrent pas. Nous avons pardonné à ſes Romans , dans leſquels la décence & la pudeur ſont auſſi peu ménagées , que le bon ſens. Notre Ville n'étoit connue auparavant que par des mœurs pures , & par des Ouvrages ſolides qui attiroient les Étrangers à notre Académie : c'eſt pour la premiere fois qu'un de nos Citoyens l'a fait connoître par des

Livres qui allarment les mœurs,
que les honnêtes gens méprifent
& que la piété condamne.

Lorfqu'il mêla l'irreligion à
fes Romans, nos Magiftrats fu-
rent indifpenfablement obligés
d'imiter ceux de Paris & de Berne (a), dont les uns le décréte-
rent, & les autres le chafferent.
Mais le Confeil de Geneve, écou-
tant encore fa compaffion dans
fa juftice, laiffoit une porte ou-
verte au repentir d'un coupable
égaré qui pouvoit revenir dans
fa Patrie & y mériter fa grace.

Aujourd'hui la patience n'eft-

____

(a) Je ne fus chaffé du Canton de
Berne qu'un mois après le Decret de
Geneve.

elle pas laſſée, quand il oſe publier un nouveau Libelle, dans
lequel il outrage, avec fureur,
la Religion Chrétienne, la Ré-
formation qu'il profeſſe, tous les
Miniſtres du ſaint Évangile, &
tous les Corps de l'État? La démence ne peut plus ſervir d'ex-
cuſe, quand elle fait commettre
des crimes.

Il auroit beau dire à préſent:
reconnoiſſez ma maladie du cer-
veau à mes inconſéquences & à
mes contradictions. Il n'en de-
meurera pas moins vrai que cette
folie l'a pouſſé juſqu'à inſulter à
Jeſus-Chriſt, juſqu'à imprimer
que *l'Evangile eſt un Livre ſcan-*
daleux, téméraire, impie, dont la
morale eſt d'apprendre aux enfans
à renier leurs meres & leurs fre-

Pag. 40.
de la pe-
tite Édi-
tion.

res, &*c.* Je ne répéterai pas les autres paroles : elles font frémir. Il croit en déguiser l'horreur en les mettant dans la bouche d'un Contradicteur ; mais il ne répond point à ce Contradicteur imaginaire. Il n'y en a jamais eu d'affez abandonné pour faire ces infâmes objections, & pour tordre si méchamment le fens naturel & divin des Paraboles de notre Sauveur. *Figurons-nous*, ajoûte-t-il, *une ame infernale analifant ainfi l'Evangile*. Eh ! qui l'a jamais ainfi analifée ? Où eft cette ame infernale (*a*). La Métrie,

--- --- ---

(*a*) Il paroît que l'Auteur de cette Piéce pourroit mieux répondre que perfonne à fa queftion. Je prie le Lec-

dans son Homme machine, dit
qu'il a connu un dangereux
Athée, dont il rapporte les rai-
sonnemens sans les réfuter : on
voit assez qui étoit cet Athée; il
n'est pas permis assurément d'é-
taler de tels poisons sans présen-
ter l'antidote.

Il est vrai que Rousseau, dans
cet endroit même, se compare à
Jesus-Christ avec la même hu-
milité qu'il a dit que nous lui
devions dresser une statue. On
sait que cette comparaison est un
des accès de sa folie. Mais une
folie qui blasphême à ce point,

---

teur de ne pas manquer de consulter,
dans l'endroit qu'il cite, ce qui pré-
cede & ce qui suit.

peut-elle avoir d'autre Médecin
que la même main qui a fait juftice de fes autres fcandales ?

S'il a cru préparer, dans fon
ftyle obfcur, une excufe à fes
blafphêmes, en les attribuant à
un Délateur imaginaire, il n'en
peut avoir aucune pour la ma-
niere dont il parle des Miracles
de notre Sauveur. Il dit nette-
ment, fous fon propre nom : *il* Pag. 98.
*y a des Miracles, dans l'Evan-
gile, qu'il n'eft pas poffible de
prendre au pied de la lettre fans
renoncer au bou fens ;* il tourne
en ridicule tous les prodiges
que Jefus daigna opérer pour
établir la Religion.

Nous avouons encore ici la
démence qu'il a de fe dire Chrétien, quand il fappe le premier

[12]

fondement du Christianisme ; mais cette folie ne le rend que plus criminel. Etre Chrétien, & vouloir détruire le Christianisme, n'est pas seulement d'un Blasphémateur, mais d'un Traître.

Après avoir insulté Jesus-Christ, il n'est pas surprenant qu'il outrage les Ministres de son saint Évangile.

Il traite une de leurs professions de foi, d'*Amphigouri*, terme bas & de jargon, qui signifie déraison. Il compare leur déclaration aux Plaidoyers de Rabelais ; ils ne savent, dit-il, ni ce qu'ils croient, ni ce qu'ils veulent, ni ce qu'ils disent.

On ne sait, dit-il ailleurs, *ni ce qu'ils croient, ni ce qu'ils ne*

croient pas , ni ce qu'ils font fem-
blant de croire.

Le voilà donc qui les accufe
de la plus noire hypocrifie, fans
la moindre preuve, fans le moindre prétexte. C'eft ainfi qu'il
traite ceux qui lui ont pardonné
fa premiere Apoftafie, & qui
n'ont pas eu la moindre part à
la punition de la feconde, quand
fes blafphêmes répandus dans un
mauvais Roman, ont été livrés
au Bourreau. Y a-t-il un feul
Citoyen parmi nous qui, en pe-
fant de fang froid cette condui-
te, ne foit indigné contre le
Calomniateur?

Eft-il permis à un homme né
dans notre Ville d'offenfer à ce
point nos Pafteurs, dont la plû-
part font nos parens & nos amis,

& qui font quelquefois nos con-
folateurs ? Confidérons qui les
traite ainfi ; eft-ce un Savant qui
difpute contre des Savants ? Non,
c'eft l'Auteur d'un Opéra, & de
deux Comédies fifflées. Eft-ce
un homme de bien qui, trompé
par un faux zele, fait des repro-
ches indifcrets à des hommes
vertueux ? Nous avouons avec
douleur, & en rougiffant, que
c'eft un homme qui porte encore
les marques funeftes de fes dé-
bauches, & qui, déguifé en fal-
timbanque, traîne avec lui de
Village en Village, & de Montagne en Montagne, la malheu-
reufe dont il fit mourir la mere,
& dont il a expofé les enfans à la
porte d'un hôpital, en rejettant
les foins qu'une perfonne chari-

table vouloit avoir d'eux, & en abjurant tous les sentimens de la Nature, comme il dépouille ceux de l'honneur & de la Religion [a].

———————

(a) Je veux faire, avec simplicité, la déclaration que semble exiger de moi cet article. Jamais aucune maladie de celles dont parle ici l'Auteur, ni petite, ni grande, n'a souillé mon corps. Celle dont je suis affligé, n'y a pas le moindre rapport : elle est née avec moi, comme le savent les Personnes encore vivantes qui ont pris soin de mon enfance. Cette maladie est connue de Messieurs Malouin, Morand, Thyerri, Daran, le Frere Côme. S'il s'y trouve la moindre marque de débauche, je les prie de me confondre, & de me faire honte de ma devise. La Personne sage, & générale-

C'eſt donc là celui qui oſe

ment eſtimée, qui me ſoigne dans mes
maux & me conſole dans mes afflic-
tions, n'eſt malheureuſe, que parce
qu'elle partage le ſort d'un homme
fort malheureux ; ſa mere eſt actuelle-
ment pleine de vie, & en bonne ſanté
malgré ſa vieilleſſe. Je n'ai jamais ex-
poſé, ni fait expoſer aucun enfant à la
porte d'aucun hôpital, ni ailleurs.
Une Perſonne qui auroit eu la charité
dont on parle, auroit eu celle d'en
garder le ſecret ; & chacun ſent que ce
n'eſt pas de Geneve, où je n'ai point
vécu, & d'où tant d'animoſité ſe ré-
pand contre moi, qu'on doit attendre
des informations fidelles ſur ma con-
duite. Je n'ajouterai rien ſur ce paſ-
ſage, ſinon qu'au meurtre près j'aime-
rois mieux avoir fait ce dont ſon Auteur m'accuſe, que d'en avoir écrit un
pareil.

donner

donner des conseils à nos Conci-
toyens ! [nous verrons bientôt
quels conseils.] C'est donc là celui qui parle des devoirs de la
société !

Certes il ne remplit pas ces
devoirs quand, dans le même
Libelle, trahissant la confiance
d'un ami [a], il fait imprimer Pag. 85.
une de ses Lettres pour brouiller

---

[a] Je crois devoir avertir le Public
que le Théologien qui a écrit la Lettre dont j'ai donné un extrait, n'est,
ni ne fut jamais mon ami ; que je ne l'ai
vu qu'une fois en ma vie, & qu'il n'a
pas la moindre chose à démêler, ni en
bien, ni en mal avec les Ministres de
Geneve. Cet avertissement m'a paru
nécessaire pour prévenir les téméraires
applications.

B

enfemble trois Pafteurs. C'eft ici qu'on peut dire, avec un des premiers hommes de l'Europe, de ce même Écrivain, Auteur d'un Roman d'Éducation, que pour élever un jeune homme, il faut commencer par avoir été bien élevé [a].

Venons à ce qui nous regarde particulièrement, à notre Ville qu'il voudroit bouleverfer, parce qu'il y a été repris de Juftice. Dans quel efprit rappelle-t-il nos troubles affoupis? Pourquoi ré-veille-t-il nos anciennes querel-

---

[a] Tout le monde accordera, je penfe, à l'Auteur de cette Piece, que lui & moi n'avons pas plus eu la même éducation, que nous n'avons la même Religion.

[19]

les, & nous parle-t-il de nos
malheurs ? Veut-il que nous nous
égorgions [a], parce qu'on a
brûlé un mauvais Livre à Paris &
à Geneve ? Quand notre liberté
& nos droits seront en danger,
nous les défendrons bien sans lui.
Il est ridicule qu'un homme de sa
sorte, qui n'est plus notre Con-
citoyen, nous dise :

Vous n'êtes, ni des Spartiates, Pag. 340.
ni des Athéniens ; vous êtes des
Marchands, des Artisans, des

----

[a] On peut voir, dans ma con-
duite, les douloureux sacrifices que j'ai
faits pour ne pas troubler la paix de
ma Patrie, & dans mon Ouvrage, avec
quelle force j'exhorte les Citoyens à
ne la troubler jamais, à quelque extré-
mité qu'on les réduise.

Bourgeois occupés de vos intérêts privés & de votre gain. Nous n'étions pas autre chofe, quand nous réfiftames à Philippe II & au Duc de Savoye; nous avons acquis notre liberté par notre courage & au prix de notre fang, & nous la maintiendrons de même.

Pag. 260.
Ibid.

Qu'il ceffe de nous appeller *Efclaves,* nous ne le ferons jamais. Il traite de Tyrans les Magiftrats de notre République, dont les premiers font élus par

Pag. 259.
nous-mêmes. *On a toujours vu, dit-il, dans le Confeil des Deux-Cents, peu de lumieres & encore moins de courage.* Il cherche, par des menfonges accumulés, à exciter les Deux-Cents contre le Petit Confeil; les Pafteurs con-

[21]

tre ces deux Corps; & enfin,
tous contre tous, pour nous
expofer au mépris & à la rifée de
nos voifins. Veut-il nous animer
en nous outrageant? veut-il ren
verfer notre Conftitution en la
défigurant, comme il veut ren-
verfer le Chriftianifme, dont il
ofe faire profeffion? Il fuffit d'a-
vertir que la Ville qu'il veut
troubler, le défavoue avec horreur. S'il a cru que nous tirerions
l'épée pour le Roman d'Émile,
il peut mettre cette idée dans le
nombre de fes ridicules & de fes
folies. Mais il faut lui apprendre
que, fi on châtie légèrement un
Romancier impie, on punit ca-
pitalement un vil féditieux.

Poft-fcriptum d'un Ouvrage
des Citoyens de Geneve, inti-

tulé : *Réponse aux Lettres écrites de la Campagne.*

Il a paru, depuis quelques jours, une Brochure de 8 pages in-8º. fous le titre de *Sentiment des Citoyens* ; perfonne ne s'y eft trompé. Il feroit au deffous des Citoyens de fe juftifier d'une pareille production. Conformément à l'Article 3. du titre XI. de l'Édit, ils l'ont jetté au feu, comme un infâme Libelle.

F I N.